GESTÃO EM TEMPOS DE INCERTEZA

CARO(A) LEITOR(A),

Queremos saber sua opinião sobre nossos livros.

Após a leitura, curta-nos no **facebook.com/editoragentebr**, siga-nos no Twitter **@EditoraGente** e no Instagram **@editoragente** e visite-nos no site **www.editoragente.com.br**.

Cadastre-se e contribua com sugestões, críticas ou elogios.

RAM CHARAN
SANDRO MAGALDI | JOSÉ SALIBI NETO

GESTÃO EM
COMO BLINDAR O SEU NEGÓCIO DA INFLAÇÃO
TEMPOS DE
E DE OUTRAS RUPTURAS GLOBAIS
INCERTEZA

Diretora
Rosely Boschini

Gerente Editorial Sênior
Rosângela de Araujo
Pinheiro Barbosa

Editora Júnior
Rafaella Carrilho

Produção Gráfica
Fábio Esteves

Preparação
Gleice Couto

Capa
Plinio Ricca

Projeto Gráfico
Mariana Ferreira

Diagramação
Maria Beatriz Rosa

Revisão
Wélida Muniz
Ana Paula Rezende

Impressão
Rettec

Copyright © 2022 by Sandro Magaldi,
José Salibi Neto e Ram Charan
Todos os direitos desta edição
são reservados à Editora Gente.
Rua Natingui, 379 – Vila Madalena
São Paulo, SP – CEP 05443-000
Telefone: (11) 3670-2500
Site: www.editoragente.com.br
E-mail: gente@editoragente.com.br

Dados Internacionais de Catalogação na Publicação (CIP)
Angélica Ilacqua CRB-8/7057

Magaldi, Sandro
   Gestão em tempos de incerteza: como blindar o seu negócio da
inflação e de outras rupturas globais / Sandro Magaldi, José Salibi
Neto, Ram Charan. – São Paulo: Editora Gente, 2022.
   96 p.

ISBN 978-65-5544-288-5

1. Negócios 2. Sucesso nos negócios I. Título II. Neto Salibi, José
III. Charan, Ram

22-5452   CDD 650.1

Índices para catálogo sistemático:
1. Negócios

NOTA DA PUBLISHER

Como liderar em um mundo acelerado, com instabilidade política e conflitos que percorrem o mundo todo? Nesse cenário instável, capaz de abalar o líder mais confiante e o negócio mais sólido, é preciso agir e reagir se quiser vencer os desafios impostos.

Com um conteúdo impecável, os já autores da casa Sandro Magaldi e José Salibi Neto se unem ao mundialmente renomado consultor Ram Charan para trazer as práticas indispensáveis a todo líder que deseja se adaptar no atual ambiente empresarial. Aqui, os três autores nos explicam como agir e reagir no mundo dos negócios em tempos de inflação e incertezas sistêmicas. Em seis blocos, os gigantes da gestão nos mostram como adaptar o design organizacional a esse novo contexto, evitar que a inflação abale as finanças do seu negócio, adotar estratégias comerciais para escapar da crise, alinhar colaboradores, adaptar a comunicação interna e externa e seguir gerando inovação.

Gestão em tempos de incerteza é leitura obrigatória para líderes que desejam aprender a viver e sobreviver em cenários de crise. Sandro, Salibi e Charan mostram que, em tempos de inflação, é possível, sim, exercer uma gestão eficaz – basta agir!

ROSELY BOSCHINI
CEO E PUBLISHER DA EDITORA GENTE

DEDICATÓRIA

DEDICO ESTA OBRA A TODOS OS EMPREENDEDORES E GESTORES BRASILEIROS, VERDADEIROS HERÓIS QUE SE DEDICAM, DIUTURNAMENTE, A SOBREVIVER E FAZER PROSPERAR SEUS NEGÓCIOS EM UM AMBIENTE ABSOLUTAMENTE HOSTIL E DESAFIANTE. VIVA O EMPREENDEDORISMO!

— SANDRO MAGALDI

DEDICO ESTE LIVRO AO MEU EXTRAORDINÁRIO PARCEIRO E IRMÃO SANDRO MAGALDI. COMO GOSTAMOS DE FALAR, ESTAMOS APENAS COMEÇANDO.

— JOSÉ SALIBI NETO

DEDICADO AOS CORAÇÕES E ÀS ALMAS DE UMA GRANDE FAMÍLIA DE DOZE IRMÃOS E PRIMOS VIVENDO SOB UM MESMO TETO POR CINQUENTA ANOS, CUJOS SACRIFÍCIOS PESSOAIS TORNARAM POSSÍVEL MINHA EDUCAÇÃO FORMAL.

— RAM CHARAN

AGRADECIMENTOS

O MUNDO PASSA POR UMA DINÂMICA INÉDITA EM SEUS FUNDAMENTOS CAUSADA POR FENÔMENOS DE ALTO IMPACTO QUE GERARAM UMA ESPIRAL INFLACIONÁRIA GLOBAL. ESSA CONSTATAÇÃO, INICIALMENTE CATALISADA POR RAM CHARAN EM SUAS CONEXÕES INTERNACIONAIS E, POSTERIORMENTE, POR JOSÉ SALIBI NETO E SANDRO MAGALDI, NO BRASIL, NOS DESPERTOU O INTERESSE EM ARTICULAR UMA VISÃO SOBRE O TEMA.

SERIA O PRIMEIRO PROJETO A MOBILIAR NÓS TRÊS EM TORNO DE UMA AMBICIOSA PROPOSTA DE TRAZER UMA VISÃO ORIGINAL ACERCA DESSE CONTEXTO. HÁ TEMPOS QUE CONVERSÁVAMOS SOBRE ELABORAR ALGUM CONTEÚDO EM PARCERIA JÁ QUE A ADMIRAÇÃO MÚTUA ENTRE NÓS É ENORME.

O DESAFIO, PORÉM, É QUE TODOS ESTÁVAMOS ENVOLVIDOS NA CONCEPÇÃO E LANÇAMENTO DE PROJETOS IMPORTANTES. RACIONALMENTE, NÃO SERIA UMA ESCOLHA PRUDENTE NOS DEDICARMOS A ESSA INICIATIVA JÁ QUE TODAS AS OUTRAS ESTAVAM PLANEJADAS HÁ MESES E EM PLENA EXECUÇÃO CANALIZANDO TODO NOSSO ESFORÇO.

NO ENTANTO, EM NOSSAS INTERAÇÕES COM EXECUTIVOS E EMPREENDEDORES OBSERVAMOS, DE MODO BASTANTE EVIDENTE E REAL, A PREOCUPAÇÃO DESSES LÍDERES COM UM CONTEXTO QUE, A DESPEITO DE SER FAMILIAR A NÓS,

BRASILEIROS, OCUPA UMA POSIÇÃO SINGULAR, JÁ QUE O FENÔMENO DA INFLAÇÃO E DA INCERTEZA SE EXPRESSA EM UM AMBIENTE TOTALMENTE DISTINTO DO DE DÉCADAS ATRÁS.

É INEVITÁVEL A SENSAÇÃO DE DÉJÀ VU, PORÉM É MANDATÓRIO NÃO CORRERMOS O RISCO DE REPETIRMOS RECEITAS ANTIGAS PARA UM PROBLEMA NOVO. QUANDO RESOLVEMOS INICIAR ESSA JORNADA, NOS COMPROMETEMOS EM DESENVOLVER REFERÊNCIAS ORIGINAIS, PRÁTICAS ADAPTADAS A UM AMBIENTE SINGULAR.

FOI JUSTAMENTE EM BUSCA DESSE FRESCOR QUE TOMAMOS A DECISÃO DE, ALÉM DE RECORRER A PESQUISAS EM PROFUNDIDADE, ENTREVISTARMOS LÍDERES QUE PASSARAM – E CONTINUAM PASSANDO – COM ÊXITO POR SITUAÇÕES SIMILARES À ATUAL.

NÃO PODERIA HAVER DECISÃO MAIS ACERTADA. POR ESSE MOTIVO, NOSSO AGRADECIMENTO ESPECIAL ÀQUELES QUE FORAM INDISPENSÁVEIS PARA A CONCEPÇÃO DESTE PROJETO AO, VOLUNTARIAMENTE, DESTINAREM SEUS ATIVOS MAIS PRECIOSOS, SEU CONHECIMENTO E TEMPO, A NÓS. AGRADECEMOS (EM ORDEM ALFABÉTICA): DELAIR BOLIS, EDUARDO GOUVEIA, FÁBIO MARCHIORI E SILVIO GENESINI.

DA MESMA FORMA, NÃO PODEMOS DEIXAR DE AGRADECER À TODA EQUIPE DA EDITORA GENTE QUE, EM TEMPO RECORDE, SE MOBILIZOU PARA ATENDER A NOSSA DEMANDA ENTENDENDO QUE A EMERGÊNCIA DA PUBLICAÇÃO É UM ATRIBUTO ESSENCIAL PARA O MOMENTO. SEM ESSA EQUIPE CAMPEÃ, QUE ACOLHE NOSSAS LOUCURAS COM CARINHO E DEDICAÇÃO, ESTE PROJETO NÃO SERIA VIABILIZADO.

NOSSO AGRADECIMENTO FINAL VAI PARA AQUELES QUE SÃO A RAZÃO DE NOSSOS ESFORÇOS. TODOS OS PROJETOS QUE REALIZAMOS TÊM UM ÚNICO OBJETIVO: CRIAR ALGO QUE SEJA RELEVANTE PARA VOCÊ, NOSSO LEITOR, QUE NOS ACOLHE COM CARINHO E ATENÇÃO. MUITO OBRIGADO POR ESSA DEDICAÇÃO. SEM VOCÊ, ESTE PROJETO NÃO FARIA SENTIDO ALGUM.

OBRIGADO!

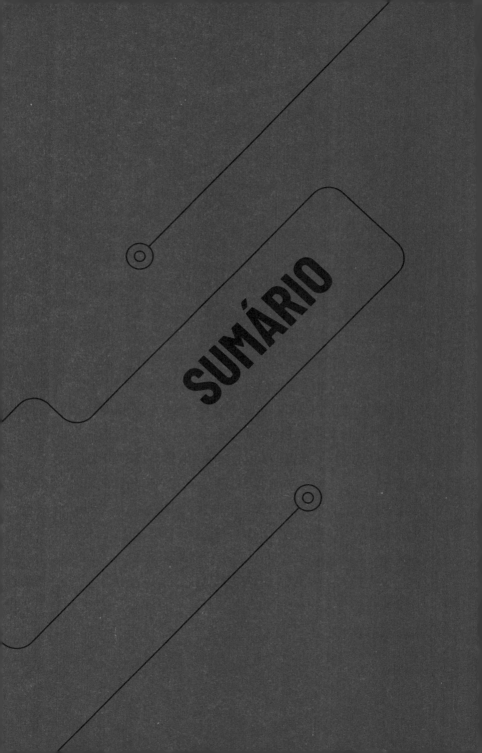

INTRODUÇÃO 14

BUILDING BLOCK 1: SISTEMA DE GESTÃO 26

BUILDING BLOCK 2: GESTÃO FINANCEIRA 36

BUILDING BLOCK 3: GESTÃO COMERCIAL 46

BUILDING BLOCK 4: GESTÃO DE PESSOAS 62

BUILDING BLOCK 5: GESTÃO DA INOVAÇÃO 74

BUILDING BLOCK 6: COMUNICAÇÃO 84

CONCLUSÃO 92

INTRODUÇÃO

Os últimos anos têm sido pródigos na promoção de desafios em escala global. Tudo começou com os impactos da evolução tecnológica e foi impulsionado pelos efeitos advindos da pandemia de Covid-19, além de, como se não bastasse, um conflito de dimensões mundiais. Como não poderia ser diferente, esses abalos repercutem decisivamente no ambiente empresarial, e um fenômeno muito familiar a gerações anteriores mostra suas garras: a inflação.

De maneira endêmica, o aumento dos preços e a consequente deterioração do poder de compra de indivíduos espalham-se por todo o mundo. Nos Estados Unidos, o índice de preços ao consumidor chega ao maior patamar desde 1981, acumulando alta de mais de 8%. A Eurozona (composta pelos dezenove países da União Europeia) atinge taxa similar, maior resultado desde o início da série histórica, em 1979. Em alguns países, como a Alemanha, a inflação dos preços do atacado passa dos 12%, o maior indicador do setor em quarenta e sete anos. No Brasil, o índice de preços ao consumidor em 2021 superou os dois dígitos, ficando acima dos 10%.

Há décadas não se observava um movimento de proporções globais envolvendo esse fenômeno. Como consequência, as taxas de juros são elevadas no mundo todo, revertendo um longo período de estabilidade. Até junho de 2022, estima-se que 45 países, com destaque aos Estados Unidos, elevaram seus juros.

Uma das questões mais abordadas em todas as rodas de discussões empresariais diz respeito à longevidade dessa dinâmica. Até quando o movimento inflacionário estará presente em nossa rotina?

A resposta a essa complexa questão passa pelo entendimento de que a inflação é uma consequência de movimentos econômicos que geram a dinâmica do aumento de preços.

A teoria econômica nos mostra que, basicamente, o fenômeno pode ter quatro causas:

- Aumento da demanda;
- Pressão de custos;
- Inércia inflacionária;
- Expectativas de inflação.

Graças a uma confluência singular de eventos, esses quatro elementos estão presentes em alguma medida em nosso contexto.

Devido à pandemia de Covid-19, os Bancos Centrais de todo o mundo inundaram os mercados com dinheiro barato, o que incentivou um aumento no consumo. Ainda em decorrência desse mesmo fenômeno, houve o rompimento de cadeias de suprimento globais, impactando diversos setores da economia e aumentando a pressão de custos em serviços essenciais. A guerra da Ucrânia acelerou esse processo de tensionamento com impacto em insumos essenciais para a economia – principalmente, o preço do petróleo.

Como resultado, todo o planeta foi impactado de modo sistêmico, o que levou à necessidade de ajustes em proporções inéditas na História recente. Uma vez que boa parte da economia em países como o Brasil é indexada, temos o efeito da inércia inflacionária resultante da demanda por proteção dos agentes de mercado.

Uma das consequências mais perigosas dessa dinâmica é a psicológica com empresas que, de maneira generalizada, ao se defenderem de uma potencial degradação do valor de suas ofertas, repassam automaticamente as expectativas inflacionárias para os preços de suas mercadorias.

Essa espiral é consistente e sólida, dando a parecer que tal dinâmica será duradoura, pois envolve fenômenos imprevisíveis como os efeitos da pandemia de Covid-19 (mesmo em um nível mais controlado, existem ocorrências como a dos fechamentos dos mercados chineses devido a política de Covid zero) e da guerra da Ucrânia, além de perspectivas que não estão ao alcance de nossa visão.

Os líderes corporativos das últimas décadas foram poupados das tremendas dificuldades de gerir negócios em períodos inflacionários. É provável que poucos executivos sequer se lembrem de como fazê-lo. Uma coisa é falar sobre inflação no nível macroeconômico; outra bem diferente é manter o negócio saudável enquanto o mundo que conhecemos vai desmoronando. O grande desafio é compreender a realidade, mudar a psicologia da organização e agir e reagir rapidamente aos impactos diretos sobre a empresa, seus clientes, parceiros do ecossistema e toda a cadeia de valor. Os efeitos nefastos da inflação manifestam-se rapidamente e podem sentenciar uma organização à depreciação acelerada de seu negócio.

A inflação consome o dinheiro, corrói as margens e induz os gestores a uma falsa sensação de segurança, pois as receitas inflacionadas parecem estar aumentando. A situação de qualquer empresa pode se deteriorar muito rapidamente, deixando-a suscetível à aquisição ou falência. Aquelas que forem rápidas em reagir e flexíveis em sua abordagem poderão não apenas sobreviver, mas prosperar nesse ambiente desafiador, aproveitando as oportunidades criadas por concorrentes menos ágeis ou

O GRANDE DESAFIO É COMPREENDER A REALIDADE, MUDAR A PSICOLOGIA DA ORGANIZAÇÃO E AGIR E REAGIR RAPIDAMENTE AOS IMPACTOS DIRETOS SOBRE A EMPRESA, SEUS CLIENTES, PARCEIROS DO ECOSSISTEMA E TODA A CADEIA DE VALOR.

inteligentes. Aquelas que reagirem devagar demais ou escolherem a estratégia e as táticas erradas acabarão enfraquecidas e poderão até falir. O objetivo final tem de ser sair mais forte desse período de inflação e recessão.

Ao mesmo tempo em que os efeitos advindos desse fenômeno são decisivos, fica evidente a necessidade imediata de as organizações desenvolverem sistemas ágeis e adaptáveis a essa nova realidade. Mesmo que remota, há a possibilidade de reversão desse processo.

Um dos maiores riscos nesse momento de preocupação diante do novo cenário é o das empresas frearem seu ímpeto rumo à transformação organizacional. Tão arriscado quanto não desenvolver estratégias para lidar com o contexto atual, é interromper as iniciativas destinadas à sustentabilidade futura do negócio, em especial, as relacionadas à inovação.

Desse modo, os mecanismos e a agilidade desenvolvidos em uma companhia para se adaptar a uma inflação elevada serão igualmente úteis para se ajustar a outra grande mudança. Seja qual for o cenário, uma coisa é certa: a hora de agir é agora.

Nosso objetivo com este material é trazer uma reflexão propositiva com referências práticas sobre como todo líder deve agir no atual ambiente empresarial. Além de ter como base pesquisas e estudos acerca do tema, entrevistamos líderes corporativos que já passaram, com êxito, por essa dinâmica no

TÃO ARRISCADO QUANTO NÃO
DESENVOLVER ESTRATÉGIAS
PARA LIDAR COM O CONTEXTO
ATUAL, É INTERROMPER
AS INICIATIVAS DESTINADAS
À SUSTENTABILIDADE FUTURA
DO NEGÓCIO, EM ESPECIAL,
AS RELACIONADAS
À INOVAÇÃO.

Brasil – já que, infelizmente, essa situação esteve presente durante décadas no cenário corporativo do país e formou uma casta de profissionais forjados nessa nefasta lógica econômica.

Para facilitar a didática de nossas recomendações, organizamos os achados em building blocks. São seis territórios que todo líder deve ter como foco para ser bem-sucedido em um ambiente turbulento como o atual.

Importante evidenciar que essa estrutura é totalmente interdependente. Cada building block deve ser analisado em suas nuances particulares ao mesmo tempo em que há a compreensão dos efeitos e de sua influência nas demais dimensões. O maior mérito desse método é permitir uma visão holística da companhia e não uma perspectiva verticalizada em feudos funcionais.

Identificamos seis territórios fundamentais nesse sistema:

BB1: SISTEMA DE GESTÃO

Os impactos desse contexto no design organizacional e mecanismos de gestão. Todo sistema de gestão deve se adaptar a esse novo ambiente.

BB2: GESTÃO FINANCEIRA

O retorno aos princípios básicos da gestão e indicadores financeiros, como preservação do capital de giro, baixo endividamento e todos os efeitos desse novo contexto na gestão financeira.

BB3: GESTÃO COMERCIAL

Um ambiente com altas taxas de inflação impacta de modo profundo a estratégia comercial, principalmente no que se refere a qualidade do *market share*, estratégias de prospecção, blindagem dos clientes atuais e política de preços.

BB4: GESTÃO DE PESSOAS

A dinâmica do contexto mudou, e é necessário que as pessoas estejam alinhadas a esse novo ambiente para se adaptarem e adaptarem a organização a um modelo distinto do passado recente.

BB5: GESTÃO DA INOVAÇÃO

Não é possível abdicar da inovação em um ambiente em transformação, porém como ficam os investimentos nessa frente com um custo de capital alto e margens financeiras crescentes?

BB6: COMUNICAÇÃO

Um ambiente turbulento e incerto gera insegurança e alta instabilidade junto aos colaboradores de uma organização e em relação a stakeholders externos (investidores, clientes etc.). A comunicação ganha ainda mais relevância no contexto atual.

Um dos efeitos mais perversos da inflação é que ela desequilibra ecossistemas inteiros. Isso gera a necessidade de um reequilíbrio nessas estruturas, adaptando a empresa a um ambiente onde o capital para investimentos é escasso e mais caro.

Apesar de toda economia ser influenciada por esse fenômeno, o impacto desse desequilíbrio é heterogêneo, acontece de acordo com as peculiaridades do negócio e, sobretudo, a demanda por capital.

Já é notada nas empresas de capital aberto uma depreciação no valor de mercado da maioria das companhias, o que resulta em maiores desafios para captação de investimentos. A tendência é que os investidores diminuirão o valor de mercado de organizações de menor crescimento e segregarão aquelas com endividamento elevado, que não conseguem gerenciar seu capital de giro e/ou que alocaram seu capital em uma conjuntura de taxas de juros baixas.

Cada vez mais, o valor de mercado de uma empresa será baseado no volume real, nas margens reais, no fluxo de caixa real. O lucro financeiro volta a estar na moda e as premissas básicas de gestão voltam a ser valorizadas.

Esse movimento já é uma realidade, e os líderes que demorarem a reagir para adaptar suas organizações a esse sistema correrão o risco de ficar para trás, presos em um processo de difícil reversão já que o ambiente corporativo está cada vez mais hostil.

Vamos começar essa reflexão analisando os impactos desse fenômeno junto ao sistema de gestão das empresas.

BUILDING BLOCK

1

SISTEMA DE GESTÃO

Os sistemas de gestão de uma organização adaptam-se com o tempo às condições do ambiente em que ela está inserida. Em um cenário de maior estabilidade, a tendência é que esse mecanismo se caracterize por mais controle e segurança. Ainda que não estejamos passando por períodos estáveis há anos, o fato é que a dinâmica inflacionária não ocupava o topo da agenda de líderes e organizações. A pauta estava focada em questões relacionadas à transformação organizacional, inovação e expansão resultantes dos efeitos da recente revolução tecnológica.

No entanto, o ambiente sob efeito das altas taxas de inflação adota um perfil estrutural muito distinto desse contexto. É natural que seja mandatória a necessidade de uma revisão no design organizacional da companhia, visando adaptá-la às novas condições de temperatura e pressão.

Delair Bolis é diretor-geral da MSD Saúde Animal. Influenciado pelas demandas por transformação ao mesmo tempo em que lidava com os desafios da instabilidade global, iniciou um processo de redesenho organizacional da companhia cujo mantra foi a busca pela maior produtividade possível aliada ao aumento da capacidade de inovação da empresa. Essas duas premissas protegem o negócio de uma potencial depreciação causada pela inflação.

Com um crescimento anual de 80% no faturamento da companhia com o mesmo *headcount*, Delair sentencia: "O design organizacional define o *go to market* da companhia, influenciando todas as decisões de negócios" e, por isso, esse design deve estar adaptado a essa nova realidade.

A nova arquitetura pressupõe iniciativas táticas como a revisão dos orçamentos, a adaptação das premissas comerciais e, sobretudo, a definição de novas metas e indicadores de performance que ganham relevância decisiva nesse novo ambiente.

A máxima "o caixa é rei" ganha força em um cenário hostil como o atual. A ausência de uma meta para o capital de giro e caixa é ainda mais perigosa hoje do que antigamente, já que a parte mais insidiosa da inflação é o que ela faz com o capital de giro, prendendo o dinheiro em recebíveis e estoques. Quase todos os clientes farão o máximo possível para estender os prazos de pagamento e, em um período inflacionário, esse sorvedouro de caixa sai caro. O capital de giro deve ser gerenciado de perto.

Em termos de prioridade, a política de preços (que abordaremos no BB3, sobre gestão comercial) perde apenas para a gestão de caixa. Para tornar essa tarefa mais fácil e permitir que todos acompanhem de perto a evolução financeira da empresa, é preciso que exista um *dashboard* capaz de fornecer, a qualquer momento, a qualquer membro da equipe executiva ou do Conselho, uma atualização financeira instantânea. Isso é particularmente verdadeiro para empresas com escassez de caixa que atuam em áreas com baixa margem de lucro, em especial aquelas que têm dívidas elevadas com cláusulas restritivas.

Os indicadores de crescimento tradicionais devem contemplar a capacidade de geração de lucro da companhia, o que envolve um equilíbrio nas análises sobre crescimento das receitas e lucratividade de cada negócio. A visão da expansão a qualquer preço que vigorou com força nos últimos anos, sobretudo no mercado das startups em rápido crescimento, dá lugar a uma perspectiva mais racional que considera o crescimento saudável da companhia um pressuposto básico, já que o capital está cada vez mais caro e escasso.

A tendência é de uma redução na velocidade de crescimento das organizações, pois a propensão é por uma expansão orgânica sem os efeitos de capital de risco nessa evolução.

Em um ambiente com menos margem de manobra, o processo de tomada de decisões é um dos mais críticos para qualquer líder e negócio. Como os ventos mudam de direção rapidamente, o sistema deve permitir decisões mais rápidas e assertivas com a predominância daquelas tempestivas de curto prazo.

Essa dinâmica torna ainda mais imperativa uma boa gestão de dados. O acesso a informações qualificadas em tempo real permite que o processo decisório acompanhe as demandas do ambiente, aliando precisão à rapidez.

Esses dados não dizem respeito apenas às informações internas do negócio, mas também às referências de mercado que vão contribuir para uma correta alocação de recursos, garantindo, assim, a máxima otimização dos investimentos disponíveis em qualquer linha do orçamento.

É necessária a elaboração de uma curva ABC dos principais recursos da companhia (pessoas, clientes, insumos etc.) para que seja possível priorizar as decisões de acordo com a visão estratégica desses ativos.

Uma atenção especial deve ser dirigida à gestão da cadeia de suprimentos da organização. O mapeamento dos principais fornecedores e recursos necessários para o negócio com uma visão evolutiva do incremento dos preços de cada item deve acontecer em tempo real, pois a quebra das cadeias de valor ao redor do globo tem aumentado o custo da matéria-prima acima dos índices oficiais de inflação.

COMO OS VENTOS MUDAM DE DIREÇÃO RAPIDAMENTE, O SISTEMA DEVE PERMITIR DECISÕES MAIS RÁPIDAS E ASSERTIVAS COM A PREDOMINÂNCIA DAQUELAS TEMPESTIVAS DE CURTO PRAZO.

Negociações com todos os fornecedores, sobretudo os mais estratégicos, devem fazer parte dessa nova rotina, visando a maior estabilidade possível na composição dos investimentos referentes à aquisição de suprimentos essenciais da organização. Ao instituir tal monitoramento, é necessário repensar como compor o estoque de matéria-prima simultaneamente a uma composição de investimentos adequada. A depreciação dos recursos imobilizados é um dos efeitos mais incômodos da inflação, pois penaliza a falta de liquidez com a depreciação dos valores investidos.

Essa gestão defensiva deve ter como um dos pressupostos básicos não apenas proteger a organização de toda instabilidade global, mas também liberar capital para potenciais investimentos e oportunidades geradas por esse contexto.

A redução generalizada do valor de mercado das empresas torna possíveis arranjos até então remotamente viáveis devido ao investimento requerido. Muitas organizações que adotaram como estratégia a alavancagem de seus negócios por meio de capital externo tendem a estar em uma posição fragilizada, gerando a oportunidade de fusões e aquisições que visam o fortalecimento sustentável do negócio sob uma perspectiva de médio/longo prazo.

Nessa frente estratégica, as startups merecem uma atenção especial, pois, devido à natureza e maturidade dos seus negócios, tende a ser mais difícil para esse tipo de empresa acessar o mercado de capitais. Além da possibilidade de movimentos de fusões e aquisições, evidencia-se a alternativa de parcerias estratégicas como uma possibilidade concreta de novos arranjos e estruturas capazes de fortalecer a organização para lidar com os desafios atuais. E gerar a possibilidade de novos modelos de negócios, fluxos de receitas e otimização dos custos.

As companhias não podem adotar uma estratégia eminentemente defensiva, abdicando de seu crescimento e sua expansão, já que o processo de transformação no ambiente empresarial, a despeito de sua desaceleração, continua intenso e gerando rupturas em setores inteiros.

Uma instância que adquire importância nas decisões que preservam a sustentabilidade futura do negócio é o Conselho de Administração. Em uma de nossas inúmeras entrevistas com líderes habituados a esse contexto, a sentença foi assustadora: "Nesse momento, a maioria dos Conselhos desaparece". De acordo com essa fonte, isso ocorre na medida em que há uma predisposição de Conselheiros em se dedicar a questões estratégicas em detrimento das táticas menos populares e atraentes.

É nesse momento, no entanto, que um Conselho ativo, adaptado à nova realidade e próximo do negócio se faz mais necessário. O ambiente atual gera um nível de exposição enorme para a organização e seus líderes. O Conselho deve funcionar como um para-raios, amortecendo os impactos e preservando o futuro da companhia ao evitar uma agenda eminentemente focada no curto prazo.

Existem pautas essenciais na atualidade que não podem sofrer interrupções – como é o caso das iniciativas para transformação digital das companhias, inovação, ESG (sigla em inglês para práticas ambientais, sociais e de governança), cibersegurança, entre outras. Como esses temas são de maturação lenta e geram resultados concretos no médio prazo, há uma tendência que sejam rifados em detrimento das ações mais "curtoprazistas".

O Conselho deve atuar em extrema consonância com os líderes da alta gestão da organização para equilibrar os esforços, protegendo a companhia dos efeitos deletérios do presente e garantindo as bases para seu futuro.

O redesenho do sistema de gestão é mandatório e deve ser realizado com urgência, mas também com muita consciência. As bases desse sistema fundamentarão a organização não apenas durante essa fase turbulenta, mas, sobretudo, na construção de uma estrutura flexível e adaptável aos novos tempos.

BUILDING BLOCK 2

GESTÃO FINANCEIRA

Em maio de 2022, veio a público um e-mail enviado por Dara Khosrowshahi, *Chief Executive Officer* (CEO) da Uber, que deu o tom da mudança de ventos que começaria a impactar todas as organizações mundialmente, sobretudo as empresas jovens de alto crescimento como as startups: chegou o momento de pisar nos freios.

Como resposta a "uma mudança sísmica é preciso que a companhia reaja". Assim, de acordo com o CEO, a companhia começará a economizar dinheiro e passará a tratar a contratação de novos funcionários como um privilégio. Além disso, avisa que "seremos ainda mais rígidos em relação aos custos em geral".

Para que não haja dúvidas sobre a origem dessa decisão, Dara informa que é oriunda de reunião com investidores da organização e visa garantir que "nosso *unit economics* funcione antes de crescermos".

Essa passagem é uma clara metáfora de como os novos tempos impactam a economia. A visão do fortalecimento dos fundamentos do negócio em detrimento de sua expansão soaria como um sacrilégio há poucos anos, quando o crescimento rápido governava todas as decisões de negócios, subjugando o lucro financeiro a segundo plano.

Como comentamos anteriormente, vivemos em um retorno aos fundamentos na gestão do negócio, e um dos sistemas mais afetados por essa dinâmica é sua gestão financeira.

Testemunhamos um impacto decisivo em estruturas alavancadas e com alto índice de endividamento decorrente da alta das taxas de juros que, além de gerar maior custo para o capital, aumenta expressivamente a taxa de atratividade. Tudo isso resulta na necessidade de lucros maiores para recompensar devidamente projetos, acionistas e investidores.

A preservação do caixa é o novo mantra para qualquer líder, uma vez que, sem um fluxo adequado e com os efeitos da inflação, uma companhia pode sucumbir mesmo que apresente lucro.

Em oposição a esse movimento, empresas capitalizadas podem se beneficiar do resultado financeiro de suas operações, gerando uma oportunidade de investimentos estratégicos como mencionamos no building block anterior.

Considerando um ambiente de baixa liquidez para investimentos, a organização deve monitorar continuamente o mercado e mapear as diversas fontes de captação, suas condições e taxas. Ao menor sinal de oportunidade a um custo de atratividade adequado, a companhia deve estar pronta para acessar investimentos.

Fábio Marchiori, *Chief Financial Officer* (CFO) com experiência à frente de empresas de consumo, logística e indústria, nos trouxe uma visão oportuna que funciona como um divisor de águas na busca por investimentos: atenção à qualificação dos investidores, pois, em situações como essa, surgem potenciais sócios interessados na extração de valor de curto prazo, mas que não têm compromisso com a sustentabilidade futura do negócio.

Esses investidores podem contribuir para que a companhia escape do risco imediato, mas, certamente, sentenciarão a organização à morte gradativa no futuro breve, já que, por ter um interesse imediatista, bloquearão os investimentos com perfil de geração de valor no longo prazo.

O líder deve evitar que a organização chegue a um beco sem saída onde só resta essas fontes de investimentos. Desse modo, o orçamento deve ser revisado sistematicamente em um processo formal e estruturado. Se, no passado, essa revisão era semestral ou anual, recomenda-se que ela aconteça em bases mensais por meio de um comitê envolvendo os principais líderes do negócio. Ninguém pode ser surpreendido com uma informação que demandará uma ação desesperada para a sobrevivência da companhia.

A PRESERVAÇÃO DO CAIXA
É O NOVO MANTRA PARA
QUALQUER LÍDER.

Uma atividade que está relacionada à gestão financeira e alinhada a essa dinâmica e que deve ser valorizada e acompanhada com o mesmo zelo e atenção é a gestão dos recebíveis.

A tendência é que os clientes posterguem ao máximo o pagamento de suas compras, visto que operam no mesmo contexto de complexidade. Como consequência, vai ficar cada vez mais difícil cobrar os recebíveis. Em muitas empresas, essa função é delegada a pequenos departamentos de finanças, muitas vezes compostos por funcionários mal remunerados de baixo nível. Em um período inflacionário, isso se torna uma bomba-relógio. O atraso nos recebimentos pode ser o maior sugador de caixa da empresa, impactando, decisivamente, sua previsão de entradas. Agora é a hora de o líder construir um departamento forte para gerenciar recebíveis e capital de giro, liderado por gente talentosa e com *accountability*.

Ao mesmo tempo em que monitora um sistema em execução decorrente das vendas já realizadas, o líder deve focar a lucratividade da companhia. As margens de lucro tendem a ser cada vez mais espremidas, e a organização pode até apresentar ganho operacional, porém tem prejuízo ao analisar seu EBITDA (os lucros antes de juros, impostos, depreciação e amortização) – um efeito proveniente das altas taxas financeiras do capital necessário para gerir o negócio.

A visão multidisciplinar também deve estar presente na análise do lucro da companhia e ser conduzida por um comitê de líderes que examina constantemente a formação desse indicador e os impactos positivos e negativos derivados da evolução dos mercados e dos recursos estratégicos da companhia.

O custo financeiro impactará muito a rentabilidade do negócio, e a falsa ilusão de que a companhia está crescendo devido à expansão de suas receitas precisa ser combatida com fatos e dados. O principal indicador de crescimento é a lucratividade, e não apenas o incremento de vendas.

Todo esse sistema resulta em um maior conservadorismo dos investimentos a serem realizados pela companhia. Ao mesmo tempo em que não é possível abdicar de investimentos estratégicos destinados à sustentabilidade futura do negócio, é preciso ser mais conservador em relação a todos os investimentos referentes a atividades que não sejam centrais ao negócio.

Mais uma vez, evidencia-se a necessidade de desenvolver um *dashboard* que permita uma análise completa de todas as variáveis do negócio e apresente uma visão condensada de suas prioridades de investimento com uma perspectiva de resultado potencial no curto, médio e longo prazo. Da mesma maneira, recomenda-se que esse painel traga a dimensão de complexidade daquele investimento em relação a diversos elementos de impacto que podem influenciar sua evolução.

Não se recomenda a descontinuidade do plano de investimentos da organização. A recomendação

ESTE NOVO MOMENTO PERMITE BUSCAR UM EQUILÍBRIO ENTRE A EXPANSÃO E UM CONSERVADORISMO SAUDÁVEL QUE CONTRIBUIRÁ PARA A CONSTRUÇÃO DE UM SISTEMA ORGANIZACIONAL SAUDÁVEL E SUSTENTÁVEL.

vai na linha da construção de uma visão estrutura-
da e sistêmica sobre todas as variáveis que estão
em jogo em cada linha de investimento seleciona-
da pela empresa. Essa perspectiva deve ser evi-
denciada de modo claro para toda a companhia,
a fim de que todos conheçam a exata dimensão
dos motivos dessas escolhas e suas consequências
para o negócio.

Não é surpresa que muitas de nossas recomendações já deveriam estar sendo colocadas em prática pelas organizações. O fato, no entanto, é que
a filosofia anterior, vinda de um ambiente mais
expansionista, apresentou decisões aliadas a essa
orientação. Nossa perspectiva pessoal é que este
novo momento permite buscar um equilíbrio entre a expansão e um conservadorismo sadio que
contribuirá para a construção de um sistema organizacional saudável e sustentável.

BUILDING BLOCK 3

GESTÃO COMERCIAL

Silvio Genesini ocupou o papel de CEO em algumas das principais organizações do país nos setores de Consultoria, Tecnologia e Serviços. Atualmente, se dedica a participar de Conselhos de Administração de empresas relevantes de diversos segmentos.

Ao largo de sua vasta experiência, Genesini nos trouxe uma visão essencial para entendermos o impacto da inflação em um dos indicadores mais sensíveis para qualquer negócio em tempos turbulentos: a política de preços.

Ele resgata a lembrança de um comportamento introjetado em todas as companhias do Brasil nas épocas de alta inflação. Ao menor sinal de majoração, todas as empresas, sem hesitação, repassavam os valores ao preço das mercadorias. Esse hábito foi um dos responsáveis por termos no país uma inércia inflacionária tradicional, já que causou a indexação da economia durante décadas. A prática até deu origem a um termo ainda muito presente no vocabulário de executivos desse período: a popular "virada de tabela".

Atualmente, esse comportamento não é exequível. O nível de concorrência em todos os setores da economia aumentou exponencialmente em relação àquela época, e o acesso a informações disseminou-se de tal modo que todo indivíduo obtém instantaneamente a referência do preço e disponibilidade de, praticamente, qualquer oferta. Não é possível repetir a mesma fórmula de sucesso do passado. Os tempos mudaram e vivemos outra dinâmica de mercado. Por outro lado, em épocas inflacionárias, protelar o aumento de preços pode ser um desastre. Como sair dessa armadilha e equilibrar esses dois vetores: a manutenção da demanda com o impacto nas margens do negócio?

Toda organização necessita instituir uma filosofia e uma metodologia de precificação que mostre com precisão quando, onde e em quanto aumentar os preços, com plena consciência do impacto desses aumentos sobre o volume, o *market share*, as receitas e as margens do negócio. Isso requer estreita coordenação – sobretudo entre as áreas comercial e financeira, orquestradas diretamente pelo CEO da empresa.

A política de preços deve ser a mais transparente possível, e os motivos dessa prática, compartilhados com todos os stakeholders do negócio.

Considerando que a democratização da informação é uma realidade, faz-se necessário dar visibilidade aos mecanismos que motivam a organização à prática de reajustes, envolvendo, sempre que possível, o cliente nesse processo.

No que se refere à estrutura da formação de preços, é fundamental que a organização imprima um monitoramento constante dos dois sistemas essenciais: oferta e demanda.

Sob a ótica da demanda, é requerida uma avaliação de toda a cadeia de valor da companhia, categorizando as principais despesas responsáveis pela formação do custo dos produtos e serviços. Novamente, recomenda-se a construção de uma Curva ABC[1] para que seja possível visualizar as prioridades a serem combatidas e o potencial impacto dos insumos na composição do preço de cada item da linha de ofertas da empresa.

Essa categorização também deve contemplar uma divisão clara entre o que são recursos cujos preços

---

1 A Curva ABC é um método de classificação que permite a ordenação das informações quanto ao grau de importância. Isso facilita as análises, processamento das informações e a tomada de decisão. Ela estabelece uma ordem de prioridades, ou seja, separa os itens com o objetivo de priorizar os que agregam mais valor para a instituição. A curva é dividida em três regiões (A, B e C), sendo A a de maior valor ou quantidade, correspondendo, na maioria dos casos, a 80%, e C – a de menor –, correspondendo a 5%.

NÃO É POSSÍVEL REPETIR A MESMA FÓRMULA DE SUCESSO DO PASSADO. OS TEMPOS MUDARAM E VIVEMOS OUTRA DINÂMICA DE MERCADO.

são controlados e sem margem de manobra – como combustíveis, serviços públicos, impostos, entre outros – e aqueles que não são controlados e podem ser alvo de negociações com fornecedores.

Além disso, os movimentos macroeconômicos com impacto relevante em itens essenciais da estrutura de custos da companhia – câmbio, custo do frete, matérias-primas importadas etc. – devem ser monitorados continuamente.

Sob a ótica da oferta, é necessário um acompanhamento constante da política de preços realizada pelas empresas concorrentes aliado a uma visão que permita entender a propensão do cliente a absorver os repasses. Para as empresas que atuam no segmento B2B, ou seja, que atendem outros negócios, é imperativo acompanhar a evolução da política de preços que esses clientes estão adotando junto a seu consumidor final. Dessa maneira, é possível ter sinais quanto ao tamanho da elasticidade dos valores a serem cobrados.

Recomenda-se a estruturação de um painel de controle com todas essas informações sendo geradas em tempo real e que os principais líderes da companhia tenham acesso a elas, de modo a permitir um rápido processo decisório tanto no que se refere a negociações com fornecedores quanto no que tange ao repasse dos preços ao mercado. É aconselhável – e isso pode variar de acordo com o setor – que, em vez de haver reajustes da política comercial em períodos maiores (anual ou semestralmente), isso ocorra de maneira dinâmica em ciclos menores (meses ou semanas) de acordo com as referências geradas nas análises de oferta e demanda.

Algumas organizações, para proteger o valor unitário, reorganizam suas ofertas alterando as características do produto: diminuindo o volume por unidade ou alterando a composição. Essa é uma decisão estratégica que deve ser acompanhada de uma profunda avaliação de mercado para que se compreenda seus efeitos junto ao comportamento e à opinião do consumidor aliado à visão dos passos dos concorrentes. Movimentos do tipo sempre devem equilibrar uma análise dos impactos de curto *versus* longo prazo. A potencial deterioração da reputação da organização ou perda de clientes fiéis é um perigo que pode colocar em risco a sustentabilidade futura da empresa.

A MUDANÇA DA POLÍTICA COMERCIAL DA ORGANIZAÇÃO FAZ COM QUE TODO O FLUXO DE INFORMAÇÕES COM OS CLIENTES MUDE E TODA A COMPANHIA, COM DESTAQUE PARA A ÁREA COMERCIAL, DEVE ESTAR PREPARADA PARA LIDAR COM UMA DINÂMICA MUITO DIFERENTE DA DO PASSADO. ESTAR PRESENTE – FÍSICA OU VIRTUALMENTE – COM O CLIENTE É ESSENCIAL PARA ENTENDER

A REPERCUSSÃO DESSAS MUDANÇAS E ANTEVER SEUS MOVIMENTOS, GERANDO ALTERNATIVAS VIÁVEIS PARA QUE NÃO HAJA IMPACTO NEGATIVO NA CARTEIRA.

Em momentos de instabilidade, é natural que os clientes estejam inseguros e resistentes. Isso, como consequência, gera um comportamento reativo e hostil a qualquer mudança de preços dessa natureza. É necessário que todos na empresa tenham a clara perspectiva e sensibilidade para esse estado de espírito do comprador, adotando todo cuidado e zelo na transmissão das informações.

Para proteger a lucratividade real, será necessário revisar os contratos mais importantes e, sobretudo, os firmados em outro contexto da economia. É inevitável que seja requerido negociar aqueles que podem gerar situações de escassez de caixa. Revisar contratos de longo prazo é uma tarefa dificílima. Requer coragem, lógica e excelente relacionamento com os clientes. Mas é algo que tem de ser feito.

Fábio Marchiori compartilhou conosco sua experiência prática com iniciativas dessa natureza e traz como diretrizes a necessidade de uma transparência completa na demonstração da estrutura de custos da companhia e os efeitos de sua oscilação. Recomenda-se abrir a planilha de custos com o cliente, sempre que possível, para compartilhar os desafios da formação de preços e margem.

Essa prática só será viável se houver um nível profundo de relacionamento com o cliente. O ponto de inflexão essencial nesse sistema é o comprometimento na geração de uma oferta que tenha alto valor agregado. Em muitas situações, esse valor poderá ser gerado não no produto ou serviço essencial, e sim em atividades periféricas que compõem o composto completo da oferta – a logística, a integração na cadeia de valor do comprador, os serviços assessórios e assim por diante.

É mandatório que a organização tenha uma visão completa e acurada de todas as etapas da jornada de compras de seu cliente, a fim de mapear quais são as fases que podem gerar oportunidades para criação de valor e diferenciação. Dessa maneira, equilibra-se o impacto na majoração da política comercial com geração de valor, distanciando o foco dos compradores na variável única do incremento dos preços.

A estratégia de gestão do cliente pressupõe uma análise criteriosa na composição do portfólio dos clientes ativos da organização, categorizando-os adequadamente de acordo com sua atratividade para o negócio. A organização terá de ter coragem para dispensar compradores que representam riscos para a saúde do projeto.

A BUSCA DA VENDA PELA VENDA NÃO É MAIS UMA PRÁTICA RAZOÁVEL. QUERER AUMENTAR

A RECEITA E O *MARKET SHARE* SEM DAR ATENÇÃO AO CAIXA É UMA PRESCRIÇÃO PARA O DESASTRE EM TEMPOS DE INFLAÇÃO.

Atenção especial deve ser dada aos inadimplentes – ativos ou potenciais. Clientes que não pagam no prazo são compradores que a empresa não pode se dar ao luxo de manter por muito tempo. É essencial analisar cada grupo de clientes. Essa avaliação não envolve apenas informações internas do relacionamento com essas organizações, mas também indicadores externos como, por exemplo, o nível de endividamento de cada empresa – afinal, se ele for alto, logo sofrerá escassez de caixa e colocará em risco seus recebíveis.

Delair Bolis nos apresenta um movimento que representa um desafio adicional: a gestão de clientes. Em tempos de inflação, tende-se a aumentar a rotatividade de compradores devido à busca por melhores opções de fornecedores, muitas vezes valorizando excessivamente o preço em detrimento do valor.

Isso faz as equipes comerciais, além de blindarem sua carteira de clientes, terem de desenvolver estratégias de prospecção ativa para trazer novos clientes que compensem potenciais perdas (inclusive para aproveitar a mesma dinâmica que impactará a busca por opções de novos fornecedores que os compradores dos concorrentes realizarão).

É MANDATÓRIO QUE
A ORGANIZAÇÃO TENHA
UMA VISÃO COMPLETA
E ACURADA DE TODAS
AS ETAPAS DA JORNADA DE
COMPRAS DE SEU CLIENTE.

Um ponto de fundamental atenção nas estratégias de prospecção é: também é mandatória uma qualificação rigorosa do perfil do cliente a ser abordado.

Hoje, a prioridade tem de ser o crescimento do volume real e da receita real, não da receita inflacionada. Diante dessa situação e dadas as necessidades de fluxo de caixa, um bom balanço patrimonial talvez exija que se renuncie ao *market share* ou a potenciais clientes financeiramente ineficientes. Isso significa focar os segmentos de mercado mais lucrativos e deixar outros de lado. Mesmo os segmentos mais rentáveis vão gerar menos caixa do que antes, de modo que é preciso avaliar como isso afetará a alocação de capital. Portanto, vale lembrar que o objetivo não deve ser aumentar o *market share* só por aumentar, e sim aumentá-lo de modo eficiente e duradouro em termos de caixa.

Bolis comenta que o que mata uma empresa em momentos como o atual, além de uma formação inadequada de estoque, é uma carteira de clientes desqualificada que pode resultar no avanço dos níveis de inadimplência. A incapacidade de recebimento das receitas geradas nos prazos definidos ocasiona uma tempestade na empresa, que precisará buscar capital para recompor seus estoques. Como explorado anteriormente, em um contexto de baixa liquidez, esse recurso será dispendioso, impactando decisivamente as margens e, o mais arriscado, o fluxo de caixa. A inadimplência deprecia o capital de giro da companhia.

> **REALIZAR VENDAS SEM UM CUIDADO RIGOROSO COM A QUALIDADE DESSAS RECEITAS PODE SER A SENTENÇA DE MORTE RÁPIDA PARA ORGANIZAÇÕES. VIVEMOS A ASCENSÃO DA RENTABILIDADE EM DETRIMENTO DA CONQUISTA DE MERCADO A QUALQUER PREÇO.**

Marchiori comenta que o *market share* é a pior medida possível para qualquer negócio. Conquistar novos clientes, sem uma avaliação rigorosa de sua qualificação, em tempos de inflação pode ser uma das piores "conquistas" para a organização, pois a tendência é atrair um perfil de consumidores oportunistas que não contribuirão em nada com a longevidade e sustentabilidade do negócio.

No fim das contas, está claro que é necessária uma mudança drástica na filosofia comercial da organização, dando espaço para um modelo mais adaptado a esses novos tempos. Indispensável evidenciar que se trata de um desafio enorme, sobretudo, no que se refere aos impactos psicológicos junto a todos os líderes, mas principalmente os da área comercial, que precisarão renunciar a vendas e volumes em detrimento de rentabilidade e margens maiores, além de terem de se preparar para comunicar aos seus clientes notícias nada desejadas sobre o incremento dos preços de suas ofertas.

O fato, no entanto, é que a demora para uma migração no perfil da gestão comercial pode resultar em um fracasso maior do que o gerado por baixas vendas, visto que se arma uma bomba-relógio pronta para explodir a qualquer momento.

A INADIMPLÊNCIA DEPRECIA O CAPITAL DE GIRO DA COMPANHIA.

BUILDING BLOCK

4

GESTÃO DE PESSOAS

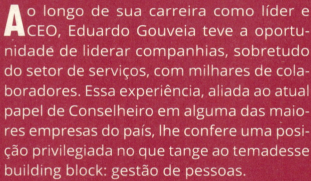

Ao longo de sua carreira como líder e CEO, Eduardo Gouveia teve a oportunidade de liderar companhias, sobretudo do setor de serviços, com milhares de colaboradores. Essa experiência, aliada ao atual papel de Conselheiro em alguma das maiores empresas do país, lhe confere uma posição privilegiada no que tange ao tema desse building block: gestão de pessoas.

Em nossa conversa, Gouveia adotou sua costumeira assertividade quando nominou um dos desafios mais relevantes para toda companhia em relação a essa área. Integrando nossa visão ao BB sobre gestão financeira, temos a folha de pagamento como um dos custos não controlados de maior impacto no financeiro de qualquer empresa.

No Brasil, esse item é indexado, gerando os famosos dissídios anuais que são obrigatórios. A soma do Índice de Preços ao

Consumidor (IPCA) aos dissídios anuais causa um impacto devastador na estrutura de organizações que não são capazes de repassar tais valores ao preço de suas ofertas.

Essa realidade ganha contornos ainda mais desafiadores ao considerar outras despesas obrigatórias que afetam a folha de pagamento, como o Fundo de Garantia por Tempo de Serviço (FGTS), o adicional de férias, os impostos, entre outros componentes que variam de acordo com a organização.

Os efeitos dessa dinâmica são mais intensos em companhias que dependem de um universo representativo de colaboradores cuja folha de pagamento é mais pesada. Consequência similar acontece em organizações que, mesmo tendo um volume de trabalhadores menor, tem uma predominância de profissionais com maior remuneração (dinâmica típica de empresas que atuam com serviços intensivos em capital intelectual como consultorias, assessorias e similares).

Esse contexto também é desafiante sob a ótica dos profissionais das empresas, pois a inflação deprecia os valores dos salários, diminuindo, assim, o poder de compra deles.

Essa temerária combinação faz com que a organização tenha de atuar em duas frentes simultaneamente: redesenho de sua arquitetura de pessoas e análise de seus modelos de remuneração.

Em tempos passados de alta inflação no Brasil, a fórmula para as companhias se libertarem do grave impacto negativo em suas folhas de pagamento era simples: demissões em massa. Essa iniciativa continua sendo adotada pelas organizações, o que é confirmado pelas notícias frequentes de empresas que desligam parte expressiva de seu quadro de colaboradores.

No entanto, o atual ambiente empresarial traz uma dinâmica inédita na história recente dos negócios: a alta demanda de profissionais com competências e habilidades particulares escassas no mercado. A face mais evidente desse movimento são os profissionais das áreas de tecnologia, porém temos observado esse arranjo em diversas categorias derivadas de uma nova arrumação típica da transformação pela qual passa o mundo corporativo.

Desse modo, a despeito de ser uma iniciativa que se encontra no receituário clássico em tempos de inflação, simplesmente realizar demissões em massa não resolverá os problemas da organização. Pelo contrário, a iniciativa pode até obscurecer ainda mais o processo, correndo o risco de formar uma equipe que não terá condições de lidar com os desafios impostos pelo ambiente.

É nessa perspectiva que emerge a necessidade de reavaliar a arquitetura de pessoas da companhia. A reflexão tem início em um procedimento já propalado em praticamente todos os building blocks anteriores: é mandatória uma análise profunda de todos os colaboradores da organização, categorizando-os de acordo com seu estágio de maturidade no processo de colaboração com a empresa.

Nada será mais verdadeiro nos próximos dias, meses e anos do que "as pessoas são o nosso recurso mais valioso". Agora é a hora de os líderes da companhia focarem intensamente a avaliação dos gestores, a fim de garantir que entendam plenamente a natureza do contexto atual e estejam dispostos e capacitados a partir para a ofensiva, adotando estratégias e táticas flexíveis e, se necessário, sacrificando recursos em prol do bem-estar geral da empresa. Aqueles que não estiverem aptos a enfrentar o desafio devem ser substituídos.

Delair Bolis é certeiro quando afirma que quanto mais forte for seu time, mais coragem terá para tomar decisões arriscadas, desbravar novos mares e absorver os impactos do ambiente. Se, por outro lado, a companhia tem um quadro de líderes e colaboradores fraco, a insegurança toma conta do sistema, tornando-o excessivamente conservador, o que pode resultar em paralisia quando a agilidade no processo decisório é um imperativo.

É O MOMENTO DE NOVOS CONHECIMENTOS E NOVAS PRÁTICAS SEREM INTROJETADOS NO REPERTÓRIO DA ORGANIZAÇÃO. ESSES APRENDIZADOS ALIMENTARÃO A CRIAÇÃO

DE SOLUÇÕES ORIGINAIS QUE FUJAM DO *STATU QUO* E REPRESENTEM NOVAS POSSIBILIDADES. PESSOAS CAPACITADAS E ENGAJADAS COM O PROJETO SÃO A BASE PARA ESSE COMPORTAMENTO. SEM ESSE RECURSO, FÓRMULAS GASTAS E VELHAS SE REPETIRÃO DE MODO UNÍSSONO.

A reflexão sobre novas alternativas deve ter um capítulo especialmente dedicado à estrutura de pessoas da organização. Considerando os impactos financeiros das estruturas organizacionais convencionais, é necessário refletir a respeito de novos modelos de alianças estratégicas que visam trazer os mesmos recursos gerados pela companhia por meio de seus colaboradores próprios, porém em novos arranjos que exijam uma menor intensidade de capital financeiro e uma estrutura organizacional mais leve.

É evidente que a realização de parcerias estratégicas envolve riscos e necessidade de migrar o foco da filosofia de gestão de pessoas orientada ao controle das atividades realizadas por cada indivíduo para uma avaliação do resultado almejado com esse esforço. Mecanismos de controle e gestão devem ser adaptados a essa nova realidade. Desnecessário alertar que a adoção das mesmas estruturas existentes para gestão de colaboradores internos na nova dinâmica resultará em insucesso. É mandatório pensar o modelo em todas as suas nuances e peculiaridades.

Na mesma linha de raciocínio, os modos de contratação de colaboradores devem ser repensados. Modelos de contratação de profissionais terceirizados, admissões atreladas a projetos específicos, estruturas societárias com remuneração subordinada ao resultado de projetos ou do negócio devem ser analisados com bastante critério. Tradicionalmente, o mundo corporativo, sobretudo no Brasil, privilegiou uma única maneira de relacionamento com colaboradores: o regido pela Consolidação das Leis do Trabalho (CLT). Ao que tudo indica, esse modelo ainda será o predominante na maior parte das companhias, pois gera segurança institucional a todos os envolvidos. No entanto, o mundo do trabalho não está imune às transformações do ambiente, e seus líderes devem refletir a respeito de novas possibilidades que lhe confiram mais dinamismo e competividade nesse ambiente hostil.

A arquitetura da estrutura de pessoas da organização é estratégia mandatória, visto que sua boa gestão libera recursos e investimentos líquidos para a companhia. Uma empresa que ostenta uma posição privilegiada em sua estrutura de capital tem mais capacidade de capturar profissionais talentosos e escassos no mercado, o que, como consequência, causa uma vantagem competitiva ainda mais expressiva. Para as organizações que atingirem essa

O MUNDO DO TRABALHO NÃO ESTÁ IMUNE ÀS TRANSFORMAÇÕES DO AMBIENTE, E SEUS LÍDERES DEVEM REFLETIR A RESPEITO DE NOVAS POSSIBILIDADES QUE LHE CONFIRAM MAIS DINAMISMO E COMPETIVIDADE NESSE AMBIENTE HOSTIL.

condição, o atual momento pode representar um potencial círculo virtuoso, porém para aquelas que não se desvencilharem dessa armadilha, o risco é a decadência de um de seus ativos mais relevantes: o capital intelectual.

Simultaneamente à reflexão a respeito da arquitetura de pessoas da empresa, faz-se necessária uma análise criteriosa no seu sistema de remuneração. Os planos de compensação precisam ser reformulados para refletir as realidades da inflação. Em um ambiente não inflacionário, os incentivos tendem a ser baseados em um único indicador: resultados financeiros, geralmente na forma de lucro operacional. Em tempos de inflação, porém, o caixa tem de ser a preocupação dominante, e as fórmulas de remuneração devem incluir no mínimo quatro indicadores: caixa, lucro operacional, capital de giro e satisfação do cliente

Todos os líderes da companhia, mas principalmente os de Recursos Humanos, precisam assegurar que as pessoas saibam claramente como serão remuneradas, quais são as metas e como elas se relacionam com a realidade da companhia.

O espaço maior de manobra centra-se na parte flexível dos sistemas de remuneração em seus formatos de bonificações, prêmios ou participação nos resultados da companhia. Recomenda-se analisar o sistema como um todo, a fim de que sejam alinhados os interesses entre os resultados gerados para a companhia e aqueles distribuídos a seus colaboradores. Em algumas situações, isso pode resultar em maior gasto com despesas dessa natureza, porém, ajustando o sistema corretamente, quando essa dinâmica ocorrer, será sinal de que a organização conseguiu ter desempenhos positivos em todas as suas dimensões.

Esse ajuste do sistema de compensação deve resultar na possibilidade de geração de recompensas financeiras expressivas para aqueles que conseguirem gerar resultados conforme as metas e os objetivos estabelecidos pela companhia. Essa iniciativa será essencial para blindar e atrair os melhores talentos, preservando-os da depreciação de seus salários.

Além da perspectiva racional em todo esse processo, há um aspecto que não pode ser negligenciado: o psicológico. É necessário garantir que todos estejam na mesma página e que a psicologia dominante da empresa seja a de combater a inflação e de se preparar para o cenário competitivo que surgirá pós-inflação e pós-recessão.

O líder deve cuidar para diminuir a percepção de insegurança dos colaboradores, abrindo canais de diálogo transparentes e constantes para esclarecer todas as dúvidas e acolher aqueles mais preocupados com o futuro. Considerando a natureza instável e imprevisível do ambiente, nesses espaços de conversa, o líder não deve se eximir de demonstrar as próprias dúvidas e inseguranças. Ao demonstrar sua humanidade, não ocultando o que sente legitimamente, gerará um processo de identificação com seus colaboradores – o que será decisivo para aumentar sua conexão e seu engajamento com a equipe.

É forçoso reconhecer que todos estão lidando com uma situação nova, oriunda da combinação de um ambiente que – se já estava hostil devido a todas as mudanças –, com o advento da inflação, ganha contornos ainda mais desafiantes. Ignorar essa realidade é tão perigoso quanto não entender a sua dinâmica e reagir de modo inconsequente.

Este é o momento de aumentar a coesão entre todos na organização, fortalecendo o sentido de equipe, para que, juntos, ultrapassem os desafios impostos por esse novo período. Novas visões e perspectivas são a base para o desenvolvimento de soluções originais. A diversidade de pensamentos e repertório é matéria-prima para que sejam exploradas novas dimensões essenciais para o sucesso do negócio.

As pessoas são o recurso mais valioso de qualquer organização e é nesse momento que continuarão fazendo a diferença para qualquer projeto.

BUILDING BLOCK 5

GESTÃO DA INOVAÇÃO

Um dos sistemas que mais corre riscos em períodos de recessão, inegavelmente, é o da gestão de inovações. Paradoxalmente, quando é mais necessária a concepção de ideias originais, as organizações propendem a cortar investimentos nessa frente, já que essa decisão resulta em economias de curto prazo, com a interrupção da alocação de capital em projetos dessa natureza.

Além desse padrão, em momentos como o atual, há uma dominância pela aversão a tomada de riscos, antevendo os possíveis impactos nocivos ao equilíbrio financeiro do negócio. Como o risco é inerente em qualquer processo de desenvolvimento de inovações, é até natural que iniciativas com tal perfil sejam delegadas à posição secundária na agenda de líderes inseguros quanto à própria sobrevivência.

Não importa o que aconteça, no entanto, cabe ao líder continuar construindo o futuro da organização que conduz, mesmo que seu foco se concentre nas atividades imediatas do dia a dia. O equilíbrio dessa orientação com uma abordagem disciplinada de desenvolvimento de inovações deixará a companhia em boa posição para saltar à frente tão logo a inflação baixe. Como tornar sua empresa melhor e mais bem colocada em seu setor deve ser a principal questão estratégica norteadora das decisões de qualquer líder, e hoje sua resposta passa, inevitavelmente, pela estruturação de um sistema capaz de gerar novas propostas e projetos constantemente.

Ao mesmo tempo em que essa convicção é forjada, é imperativo entender que os mecanismos de investimento em iniciativas dessa natureza em um momento de inflação alta não podem ser os mesmos daqueles realizados em um contexto de estabilidade e abundância de capital.

Recomenda-se a revisão de todo o sistema de inovação estruturado na companhia no que tange a processos, escolhas e investimentos. Assim como temos alguns custos que não podem ser suprimidos em nenhum momento, existem investimentos em estruturas que devem ser mantidos, em especial os referentes à tecnologia. Projetos bem delimitados e claros nessa frente vão resultar em uma maior capacidade de execução e produtividade para a companhia, contribuindo para um negócio mais saudável.

É aconselhável que a organização analise profundamente todas as possibilidades de projetos inovadores, considerando seu potencial impacto no negócio, e avalie a complexidade de sua execução, levando em conta quais recursos devem ser alocados para sua viabilidade.

Em relação ao impacto do negócio, devem ser priorizados aqueles projetos que, mesmo sob uma expectativa de médio prazo, resultem em maior produtividade ou maior geração de caixa para a organização.

No que se refere à complexidade de execução, há de se considerar não apenas a alocação de recursos financeiros, mas também de pessoas para sua viabilização, pois, como observamos no building block anterior, esse é um dos recursos mais valiosos e estratégicos agora.

A inovação deve ser estimulada de modo a considerar todas as suas nuances. Uma das dimensões que representa oportunidades extraordinárias repousa na criação de novos fluxos de receitas por meio de modelos de negócios inovadores integrados à estrutura atual do projeto. Essa dinâmica será possível a partir do entendimento do ecossistema da companhia, realizado por meio do mapeamento das demandas de todos os agentes desse sistema e da avaliação de possibilidades da estrutura para atender necessidades desatendidas.

Um exercício complexo que requer a participação proativa de todos os talentos da organização é refletir como gerar novos fluxos de receita mantendo o mesmo *headcount* da companhia. Ou seja, como é possível fazer diferente com o mesmo número de colaboradores.

Para viabilizar essa reflexão de maneira sistemática, será necessária a estruturação de claros rituais que envolverão diversas camadas de profissionais dentro da empresa em modelos de ideação e prototipagem de projetos inovadores. Toda companhia deve entender o valor da inovação para sua evolução, e os líderes devem dar sinais claros de que essa é uma agenda indispensável e que a empresa crescerá a partir dessas novas iniciativas que gerarão novos modelos de negócios e fluxos de receitas.

Em nossa conversa, Bolis trouxe uma referência valiosa quando relatou uma reunião organizada com todo staff da companhia para refletir sobre uma inovação com potencial de geração, no curto prazo, de um resultado de menos de 1% da rentabilidade da empresa. Todavia, o desenvolvimento desse projeto tem o potencial trazer novas perspectivas de negócios que podem impactar o resultado de maneira decisiva no médio prazo, além de contribuir para que todos aprendam um novo modo de se organizar. A decisão por investir tempo dos executivos seniores da organização em uma frente cujos resultados imediatos não são representativos só é possível a partir do entendimento do valor dessa orientação para a longevidade do negócio; e é um chamado do líder principal da companhia.

A INOVAÇÃO DEVE SER
ESTIMULADA DE MODO
A CONSIDERAR TODAS
AS SUAS NUANCES.

A BUSCA POR SOLUÇÕES QUE DIMINUAM O RISCO DE DECISÕES PARA O CORE BUSINESS DO NEGÓCIO REQUER UMA ANÁLISE SOBRE ESTRUTURAS ORGANIZACIONAIS QUE AO MESMO TEMPO EM QUE PROTEGEM A GERAÇÃO DE RESULTADOS NO CURTO PRAZO, VIABILIZAM A CONSTRUÇÃO DE NOVAS SOLUÇÕES NO FUTURO.

Resgatamos aqui o conceito de "motores 1 e 2 de crescimento" como prerrogativa dessa lógica. A tese é que toda organização deve ter dois motores de crescimento para compatibilizar os vetores de incremento de produtividade e busca pela inovação.

O "motor 1" representa o negócio essencial. É o projeto atual em todas as suas nuances, em que a busca é pela maior eficiência possível do sistema. A inovação nessa frente costuma ter um perfil mais incremental, já que visa ganhos de produtividade a partir do modelo corrente. A contínua e crescente geração de lucros financeiros derivados da otimização do negócio presente é um imperativo ainda mais relevante em um ambiente com os desafios de captação de capital como o atual. Esse sistema deve estar blindado.

O "motor 2" representa toda e qualquer inovação que vise a construção de um novo modelo de geração de receitas com potencial de representar uma transformação total do negócio atual. Essa reflexão deve ser realizada com a isenção de que esse novo modelo, se bem-sucedido, pode culminar com a inexistência do projeto presente tal qual sentenciado na tese de "destruição criativa" do filósofo e economista Joseph Schumpeter.

As organizações devem caminhar para um modelo ambidestro, desenvolvendo essas duas estruturas de maneira síncrona em que, via de regra, a liberação de recursos do negócio atual contribuirá para direcionar os investimentos aos novos projetos em um círculo virtuoso. É necessário refletir sobre alocação de equipes dedicadas, em que o time de colaboradores focados no "motor 1" terá como prioridade otimizar o negócio enquanto o do "motor 2" estará orientado a desbravar novas possibilidades.

É mandatório que parte expressiva da lucratividade presente da empresa seja destinada, compulsoriamente, a iniciativas inovadoras adensadas em estruturas formais com governança própria e indicadores de performance acompanhados sistematicamente.

Nesse território, também se aconselha a avaliação de estruturas que viabilizem a inovação cujo investimento e risco sejam compartilhados com outros agentes do ecossistema da companhia. Alianças estratégicas com fornecedores e parceiros da cadeia de valor da organização e clientes representam oportunidades importantes de arranjos e estruturas para viabilizar novos projetos com menor alocação de investimentos financeiros. É evidente que a partilha de riscos e capital vem acompanhada de lucros advindos da execução com êxito desses projetos. É requerida uma adaptação da filosofia e de práticas da empresa para suportar essa dinâmica. Do contrário, o processo de alianças estratégicas será sabotado.

O líder de uma organização tem responsabilidades indelegáveis. Alguns riscos, porém, os líderes não podem assumir e expor a companhia a vulnerabilidade excessiva. Por outro lado, há riscos que ao não serem assumidos podem causar impactos negativos irreconciliáveis para uma empresa. A inovação está nesse contexto. Negligenciar e desmobilizar os mecanismos de desenvolvimento de inovação em uma organização resultará não apenas em uma empresa ultrapassada, mas, sobretudo, em um negócio fadado ao insucesso, sendo dragado pelas transformações do ambiente.

BUILDING BLOCK

6

COMUNICAÇÃO

Todos os building blocks são interdependentes e transversais. O da comunicação, no entanto, é o que mais cumpre esses requisitos, visto que é um sistema que perpassa todas as unidades funcionais de uma companhia.

Se ele é indispensável na trajetória de uma empresa como um todo, em situações de alta instabilidade como a atual ganha relevância e deve ser promovido ao topo da agenda de todo líder empresarial.

A primeira e mais importante tarefa do líder é comunicar, comunicar, comunicar. Afirmar isso uma só vez nunca é suficiente. É preciso repetir – com absoluta franqueza, honestidade e credibilidade, interna e externamente – a gravidade do desafio que a organização tem diante de si e a urgência de enfrentá-lo.

O líder é tanto um educador que garante que a equipe entenda a dinâmica dos obstáculos atuais e as consequências do fracasso, quanto um engenheiro social que coordena as várias funções da empresa para que as informações fluam livre e rapidamente de cada silo. Não basta apenas ser um exímio comunicador, é necessário construir uma arquitetura organizacional com vasos comunicantes acessíveis a todos com agilidade, levando as informações importantes de ponta a ponta na companhia.

Os líderes também devem funcionar como para-raios, absorvendo as notícias que vêm de fora, conferindo a adequada interpretação para cada perspectiva e informando a todos quanto ao contexto. É necessária uma postura proativa no combate à confusão e à ansiedade criadas pela mídia, particularmente pelas mídias sociais. Essa postura é de enorme importância.

É preciso deixar bem claro que nada deve ser filtrado, nenhuma má notícia deve ser escondida. Todos devem ser informados e entender os motivos das decisões que estão sendo tomadas para que não haja interpretações equivocadas, como, por exemplo, aquelas que apontam que a companhia está ruindo ou tomando decisões precipitadas quando decide limitar seu foco em determinados investimentos ou cortar custos.

A comunicação deve ser fluida, transparente e intensa. Recomenda-se a construção de um planejamento de comunicação que cumpra esses requisitos de maneira sistemática e disciplinada. Quem deve estar à frente desse projeto é o principal líder da companhia, deve-se, também, contar com a presença de integrantes das áreas mais estratégicas da empresa, não se restringindo somente aos profissionais de comunicação. Inovações, novos produtos, ideias e, principalmente, conquistas devem ocupar lugar central nessa estrutura, alinhando todos quanto à evolução da organização e suas agendas prioritárias.

Uma linha narrativa, ajustada à atual realidade do negócio, tem de ser constituída com diretrizes claras sobre o que precisa ser priorizado e como deve ser comunicado. Uma metáfora nesse processo é a linha editorial dos meios de comunicação tradicionais. A organização deve construir a própria "linha editorial" que norteará o processo, oferecendo autonomia aos líderes para comunicarem as informações de modo ágil com toda a empresa, sem a necessidade de intermináveis reuniões para deliberarem sobre esse processo.

O programa de comunicação não pode se submeter exclusivamente aos mecanismos formais como comunicados, mensagens estruturadas, entre outras. É mandatório estabelecer uma maior proximidade entre líderes e a organização, utilizando tanto redes informais de conhecimento – como o de espaços de diálogos e conversas – quanto estruturas mais organizadas – como eventos presenciais ou virtuais. É aconselhável mapear todos os potenciais pontos de contato na companhia para potencializar a comunicação em cada um dos possíveis canais.

A ORGANIZAÇÃO DEVE CONSTRUIR A PRÓPRIA "LINHA EDITORIAL".

A maneira como as informações são compartilhadas é outro elemento essencial. O líder precisa respeitar três princípios essenciais ao se comunicar:

- O destinatário recebeu a mensagem da maneira pretendida? (Meça isso.)
- Qual foi a reação do destinatário à sua mensagem? (Certifique-se.)
- Foi descoberto algum novo comportamento do destinatário? (Verifique.)

A verdadeira comunicação não é uma apresentação PowerPoint unidirecional da qual o destinatário absorve menos de 20% da mensagem. É um sistema complexo que só tem validade quando impacta o interlocutor e, como consequência, todo o ecossistema.

Cada vez mais será necessário "sair do gabinete" para sentir o pulso da organização e verificar os efeitos das decisões junto aos colaboradores e mercado. É importante que o líder receba informações não filtradas vindas de baixo para saber o que está acontecendo com os clientes e qual é a real situação de caixa.

Externamente, os responsáveis pela comunicação precisam adotar atitudes transparentes para construir uma relação de confiança com os meios de comunicação. Essa lógica é especialmente sensível em empresas de capital aberto que estão mais expostas à opinião pública – o que aumenta o nível de ansiedade da equipe interna, devido a possíveis oscilações do valor de mercado da organização e notícias especulativas ou negativas.

Considerando que é papel do líder acolher e oferecer segurança psicológica a seus colaboradores, a comunicação deve ser encarada como ferramenta essencial nessa jornada, visto que é um poderoso instrumento para se relacionar com cada integrante da organização de maneira massiva e contextualizada.

A agenda mudou totalmente, e o líder deve ser o principal promotor desse novo contexto. Territórios como resiliência, fortalecimento, espírito de equipe e, o mais relevante, a visão do propósito da companhia devem ser evidenciados com ênfase e frequência em todas as ocasiões possíveis. Essa narrativa precisa ser fortalecida e bem constituída.

A perspectiva tem de ser realista e positiva, não bastando afirmar que "sairemos vitoriosos deste novo cenário". É necessário comunicar como será essa vitória e orientar a atenção e esforço de todos para esse espaço.

A comunicação é uma das ferramentas mais poderosas para coesão e alinhamento das organizações.

CONCLUSÃO

Não se sabe quanto tempo durará este processo inflacionário. Algumas análises apontam uma perspectiva de cinco anos, pois as causas do momento atual são estruturais e demandam um rearranjo em diversas cadeias produtivas. Seus efeitos tampouco são unânimes. O mundo entrará em um novo ciclo de recessão que impactará todas as organizações ou a recuperação acontecerá mais rapidamente? Há um grande ponto de interrogação que paira sobre as possíveis respostas a essa indagação.

O fato é que as empresas devem se adaptar a esse novo contexto com celeridade, pois, como demonstramos, as consequências nocivas são de risco extremo e podem levar a situações irrecuperáveis.

Por outro lado, um efeito colateral positivo e virtuoso pode ser observado na história de companhias que quase sucumbiram e conseguiram ultrapassar desafios imensos. Essas empresas, ao sobreviverem a momentos hostis, se transformam e, sobretudo, se fortalecem criando as bases para mais um círculo de prosperidade.

Tão importante quanto ultrapassar os poderosos obstáculos de curto prazo é lançar os fundamentos para a estruturação de uma organização sólida, promissora, que preencha todos os requisitos para ser uma companhia de classe mundial com sustentabilidade.

É responsabilidade do líder capturar o futuro para o presente do negócio. Proteger sua organização das armadilhas do momento ao mesmo tempo em que estrutura seu sistema para adaptar-se às próximas décadas será um dos legados mais importantes e representativos de sua trajetória.

Nenhum líder pode abdicar da reflexão e desenvolvimento de iniciativas concretas para lidar com os desafios atuais. O contexto mudou. A agenda do líder também deve mudar.

É RESPONSABILIDADE DO LÍDER CAPTURAR O FUTURO PARA O PRESENTE DO NEGÓCIO.

Este livro foi impresso
pela Rettec em papel pólen bold 70g
em outubro de 2022.